AF175438

Impressum
Verlag: BABADADA GmbH, Nedderfeld 112 , 22529 Hamburg
Geschäftsführer / Verlagsleitung: Harald Hof
Druck: Books on Demand GmbH, In de Tarpen 42, 22848 Norderstedt

Imprint
Publisher: BABADADA GmbH, Nedderfeld 112 , 22529 Hamburg, Germany
Managing Director / Publishing direction: Harald Hof
Print: Books on Demand GmbH, In de Tarpen 42, 22848 Norderstedt

el colegio

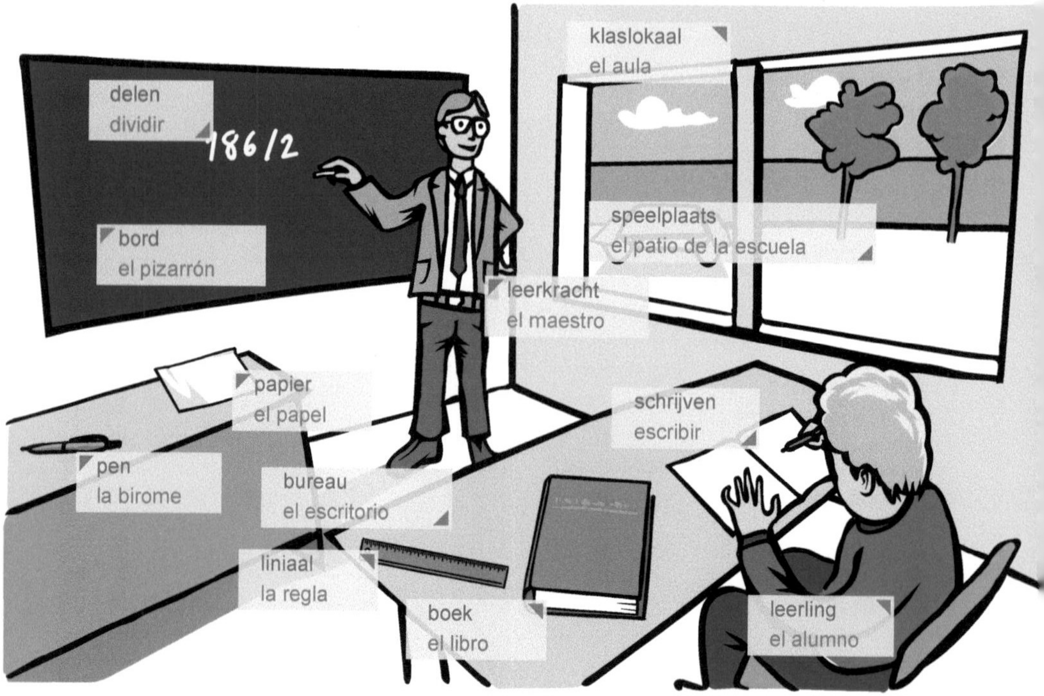
klaslokaal
el aula
delen
dividir
186/2
bord
el pizarrón
speelplaats
el patio de la escuela
leerkracht
el maestro
papier
el papel
schrijven
escribir
pen
la birome
bureau
el escritorio
liniaal
la regla
boek
el libro
leerling
el alumno

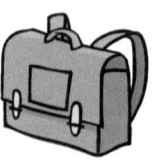

schooltas

la mochila

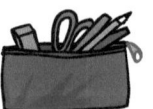

pennenzak

la caja de lápices

potlood

el lápiz

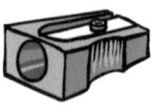

puntenslijper

el sacapuntas

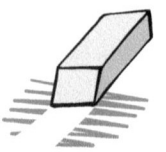

gom

la goma (de borrar)

tekenblok

el bloc de dibujo

tekening

el dibujo

verfborstel

el pincel

verfdoos

la caja de pinturas

schaar

la tijera

lijm

el pegamento

werkboek

el cuaderno de ejercicios

huiswerk

la tarea

nummer

el número

optellen

sumar

aftrekken

restar

vermenigvuldigen

multiplicar

rekenen

calcular

letter

la letra

alfabet

el abecedario

woord

la palabra

tekst

el texto

Lezen

leer

krijt

la tiza

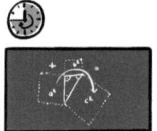

les

la lección

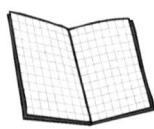

klassenboek

el cuaderno de clase

examen

el examen

certificaat

el certificado

schooluniform

el uniforme escolar

onderwijs

la educación

encyclopedie

la enciclopedia

universiteit

la universidad

microscoop

el microscopio

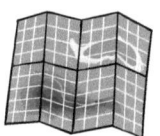

kaart

el mapa

papiermand

el tacho (de basura)

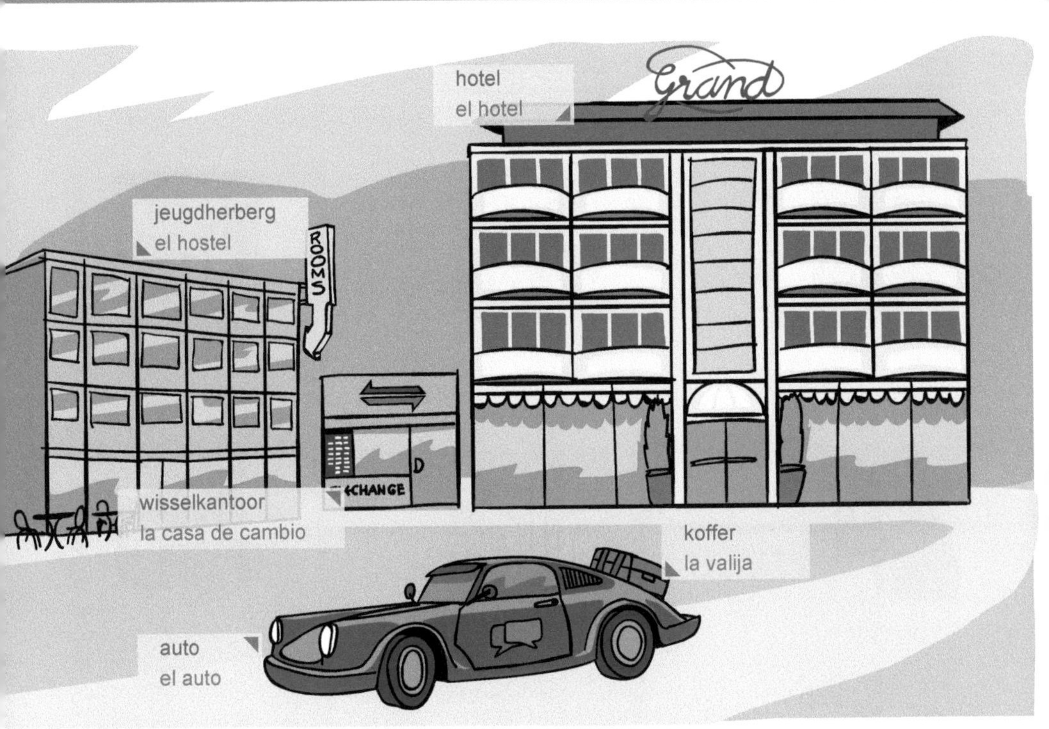

hotel
el hotel

Grand

jeugdherberg
el hostel

ROOMS

wisselkantoor
la casa de cambio

EXCHANGE

koffer
la valija

auto
el auto

Taal
el idioma

ja / nee
sí / no

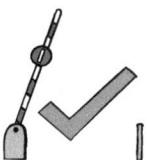

oké
Está bien

hallo
hola

vertaler
el traductor

bedankt
Gracias

Hoeveel kost …?

¿cuánto cuesta…?

Ik begrijp het niet

No entiendo

probleem

el problema

Goedenavond!

¡Buenas tardes!

Goedemorgen!

¡Buenos días!

Goedenavond!

¡Buenas noches!

Tot ziens

el adiós

richting

la dirección

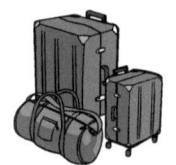

bagage

el equipaje

zak

el bolso

rugzak

la mochila

gast

el invitado

kamer

la habitación

slaapzak

la bolsa de dormir

tent

la carpa

toeristeninformatie

la información turística

strand

la playa

kredietkaart

la tarjeta de crédito

ontbijt

el desayuno

lunch

el almuerzo

avondeten

la cena

ticket

el pasaje

lift

el ascensor

postzegel

el sello

grens

la frontera

douane

la aduana

ambassade

la embajada

visum

la visa

paspoort

el pasaporte

el transporte

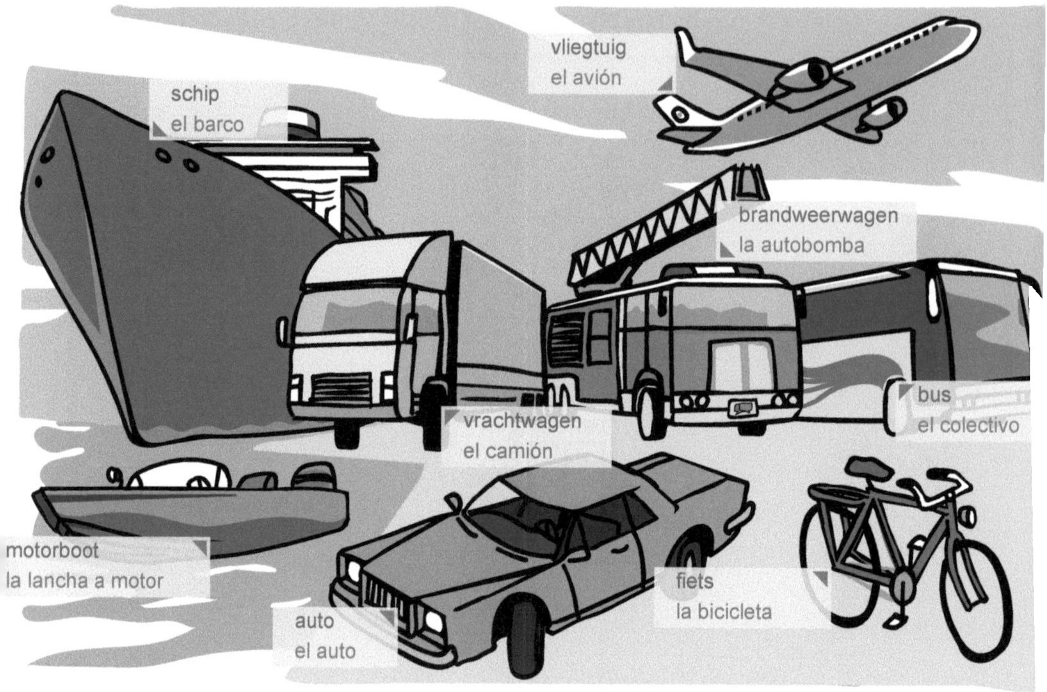

vliegtuig
el avión

schip
el barco

brandweerwagen
la autobomba

bus
el colectivo

vrachtwagen
el camión

motorboot
la lancha a motor

fiets
la bicicleta

auto
el auto

veerboot

el ferry

boot

el bote

motor

la moto

politiewagen

el patrullero

racewagen

el auto de carreras

huurauto

el auto de alquiler

8

transport - el transporte

carpoolen

el alquiler de autos

sleepwagen

la grúa

vuilniswagen

el camión de la basura

motor

el motor

benzine

la nafta

benzinestation

la estación de servicio

verkeersbord

la señal de tránsito

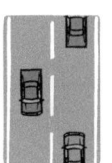

verkeer

el tránsito

file

el embotellamiento

parkeerplaats

el estacionamiento

station

la estación de tren

sporen

las vías

trein

el tren

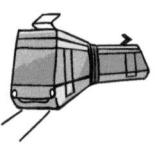

tram

el tranvía

wagon

el vagón

helikopter

el helicóptero

luchthaven

el aeropuerto

toren

la torre

passagier

el pasajero

container

el contenedor

karton

la caja de cartón

kar

la carretilla

mand

la canasta

opstijgen / landen

despegar / aterrizar

la ciudad

dorp

el pueblo

stadscentrum

el centro de la ciudad

huis

la casa

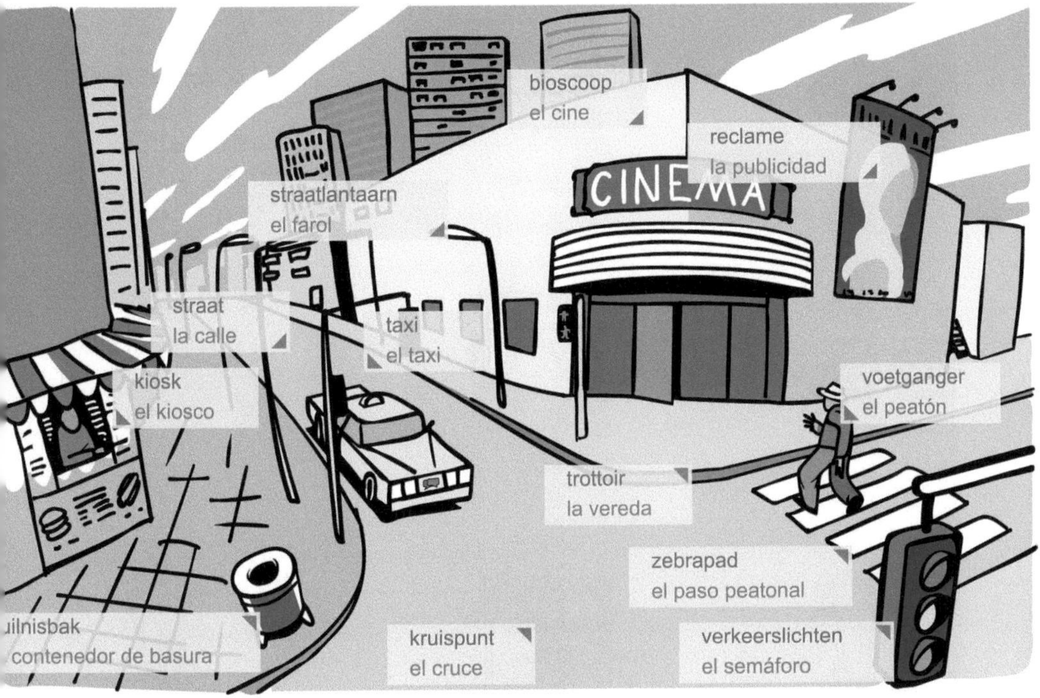

bioscoop
el cine

reclame
la publicidad

straatlantaarn
el farol

straat
la calle

taxi
el taxi

kiosk
el kiosco

voetganger
el peatón

trottoir
la vereda

zebrapad
el paso peatonal

uilnisbak
contenedor de basura

kruispunt
el cruce

verkeerslichten
el semáforo

hut
la cabaña

woning
el departamento

station
la estación de tren

stadshuis
la municipalidad

museum
el museo

school
el colegio

universiteit

la universidad

bank

el banco

ziekenhuis

el hospital

hotel

el hotel

apotheek

la farmacia

kantoor

la oficina

boekwinkel

la librería

winkel

el negocio

bloemenwinkel

la florería

supermarkt

el supermercado

markt

el mercado

warenhuis

las grandes tiendas

vishandelaar

la pescadería

winkelcentrum

el centro comercial

haven

el puerto

park
el parque

bank
el banco

brug
el puente

trap
las escaleras

metro
el subte

tunnel
el túnel

bushalte
la parada del colectivo

bar
el bar

restaurant
el restaurante

brievenbus
el buzón

straatnaambord
el letrero

parkeermeter
el parquímetro

zoo
el zoológico

zwembad
la pileta

moskee
la mezquita

boerderij
la granja

milieuverontreiniging
la contaminación

kerkhof
el cementerio

kerk
la iglesia

speelplaats
los juegos infantiles

tempel
el templo

el paisaje

blad
la hoja

wegwijzer
el poste indicador

weg
el camino

weide
la pradera

steen
la piedra

boom
el árbol

wandelaar
el excursionista

rivier
el río

gras
la hierba

bloem
la flor

vallei
el valle

heuvel
la montaña

meer
el lago

bos
el bosque

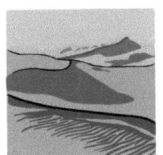

woestijn
el desierto

vulkaan
el volcán

kasteel
el castillo

regenboog
el arco iris

paddenstoel
el champiñón

palmboom
la palmera

mug
el mosquito

vlieg
la mosca

mier
la hormiga

bijl
la abeja

spin
la araña

landschap - el paisaje

kever

el escarabajo

kikker

la rana

eekhoorn

la ardilla

egel

el erizo

haas

la liebre

uil

la lechuza

vogel

el pájaro

zwaan

el cisne

wild zwijn

el jabalí

hert

el ciervo

eland

el alce

dam

la presa

windturbine

el aerogenerador

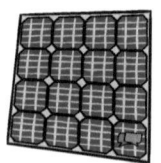

zonnepaneel

el panel solar

klimaat

el clima

el restaurante

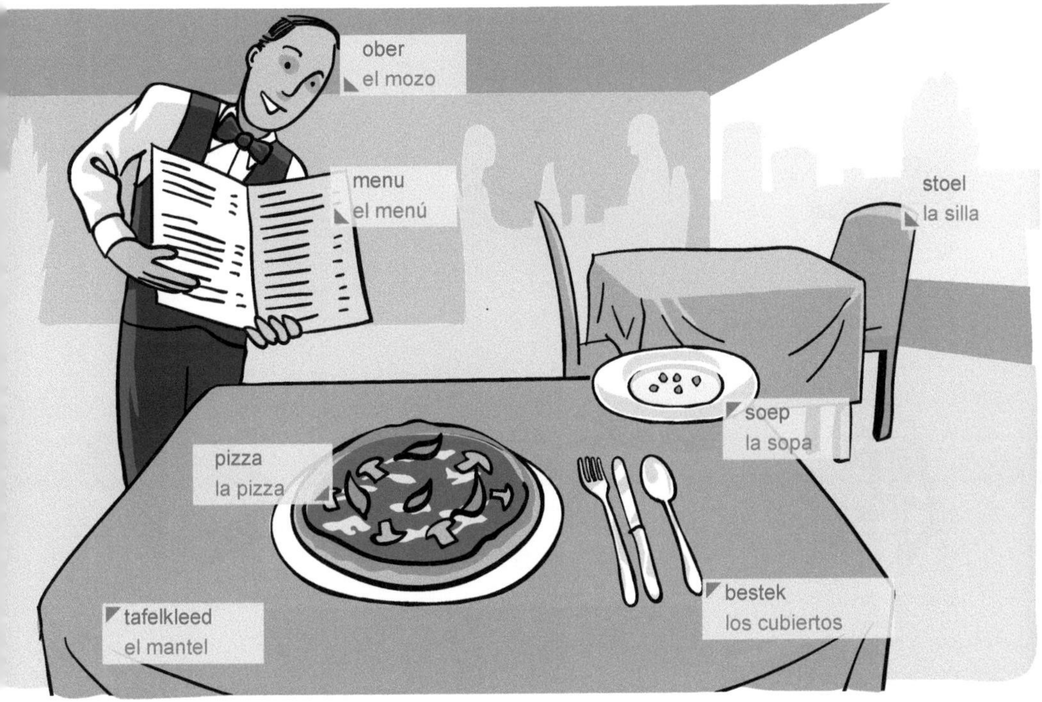

ober
el mozo
menu
el menú
stoel
la silla
soep
la sopa
pizza
la pizza
bestek
los cubiertos
tafelkleed
el mantel

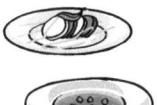

voorgerecht

la entrada

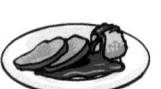

hoofdgerecht

el plato principal

nagerecht

el postre

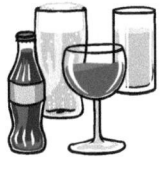

drankjes

las bebidas

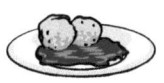

eten

la comida

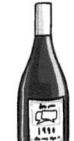

fles

la botella

fastfood

la comida rápida

street food

la comida callejera

theepot

la tetera

suikerpot

la azucarera

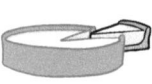

portie

la porción

espressomachine

la cafetera expreso

kinderstoel

la sillita alta

rekening

la cuenta

dienblad

la bandeja

mes

el cuchillo

vork

el tenedor

lepel

la cuchara

theelepel

la cucharita

serviette

la servilleta

glas

el vaso

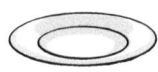

bord
el plato

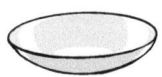

soepbord
el plato hondo

schoteltje
el plato

saus
la salsa

zoutvatje
el salero

pepermolen
el molinillo de pimienta

azijn
el vinagre

olie
el aceite

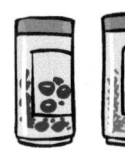

kruiden
las especias

ketchup
el kétchup

mosterd
la mostaza

mayonaise
la mayonesa

el supermercado

aanbieding
la oferta especial
FOR
klant
el cliente
zuivelproducten
los lácteos
fruit
la fruta
winkelwagen
el changuito

BUTCHERS

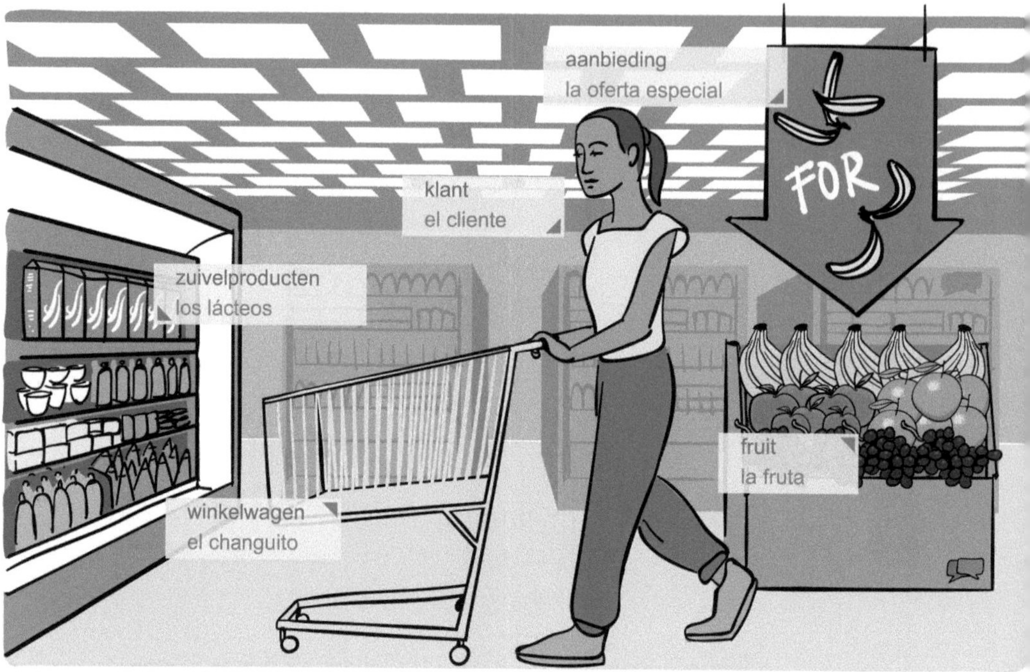

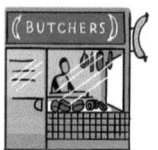

slagerij

la carnicería

BAKERY

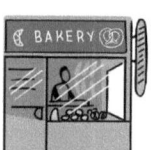

bakkerij

la panadería

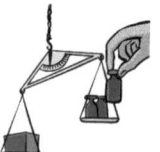

wegen

pesar

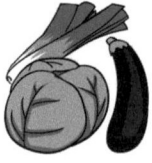

groenten

las verduras

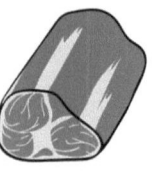

vlees

la carne

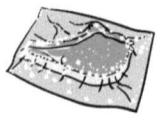

diepvriesvoedsel

los alimentos congelados

charcuterie

los fiambres

conserven

los alimentos enlatados

waspoeder

el detergente en polvo

snoep

las golosinas

huishoudproducten

los electrodomésticos

schoonmaakproducten

los productos de limpieza

verkoopster

la vendedora

kassa

la caja

kassier

el cajero

boodschappenlijstje

la lista de compras

openingstijden

el horario de atención

portefeuille

la billetera

kredietkaart

la tarjeta de crédito

tas

la cartera

plastieken zakje

la bolsa de plástico

water
el agua

sap
el jugo

melk
la leche

cola
la bebida cola

wijn
el vino

bier
la cerveza

alcohol
el alcohol

cacao
el cacao

thee
el té

koffie
el café

espresso
el café expreso

cappuccino
el cappuccino

banaan

la banana

appel

la manzana

sinaasappel

la naranja

meloen

el melón

citroen

el limón

wortel

la zanahoria

knoflook

el ajo

bamboe

el bambú

ajuin

la cebolla

champignon

el champiñón

noten

las nueces

noodles

los fideos

spaghetti

los tallarines

rijst

el arroz

salade

la ensalada

frieten

las papas fritas

gebakken aardappelen

las papas fritas

pizza

la pizza

hamburger

la hamburguesa

sandwich

el sándwich

kalfslapje

el churrasco

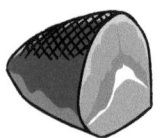

ham

el jamón

salami

el salame

worst

la salchicha

kip

el pollo

braden

el asado

vis

el pescado

havervlokken

los copos de avena

muesli

el muesli

cornflakes

los copos de maíz

bloem

la harina

croissant

la medialuna

pistolet

el pancito

brood

el pan

toast

la tostada

koekjes

las galletitas

boter

la manteca

kwark

la cuajada

taart

la torta

ei

el huevo

spiegelei

el huevo frito

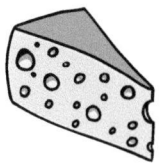

kaas

el queso

ijs

el helado

suiker

el azúcar

honing

la miel

confituur

la mermelada

choco

la pasta de chocolate

curry

el curry

eten - la comida

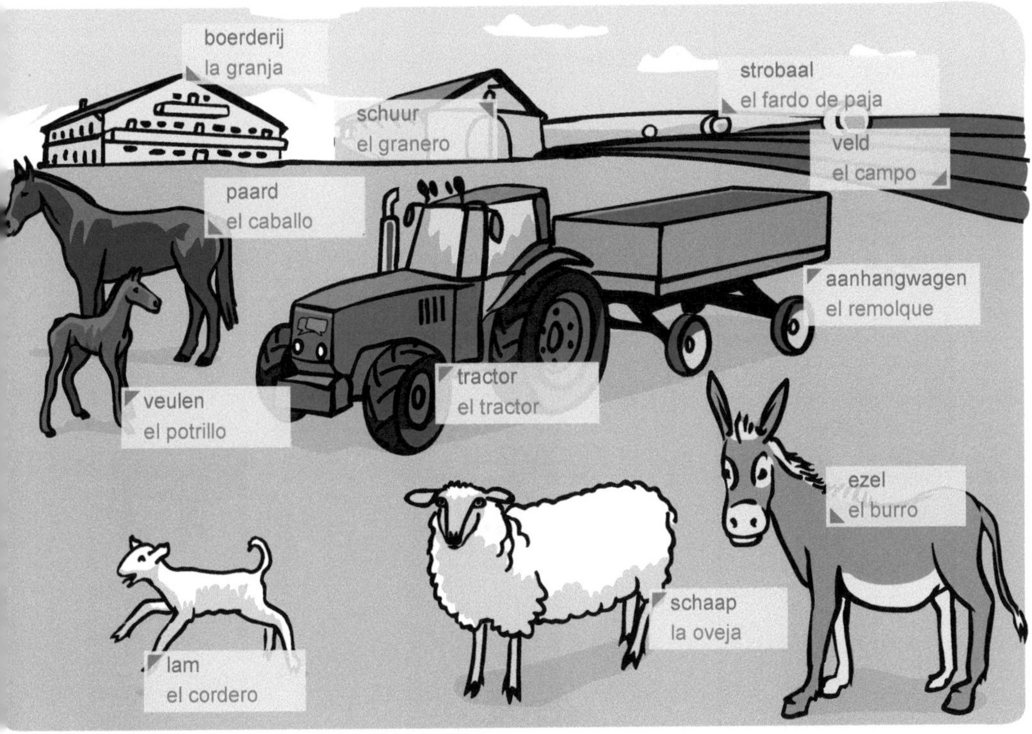

boerderij
la granja

schuur
el granero

paard
el caballo

veulen
el potrillo

tractor
el tractor

strobaal
el fardo de paja

veld
el campo

aanhangwagen
el remolque

ezel
el burro

schaap
la oveja

lam
el cordero

geit

la cabra

koe

la vaca

kalf

el ternero

varken

el cerdo

biggetje

el lechón

stier

el toro

gans

el ganso

eend

el pato

kuiken

el pollo

kip

la gallina

haan

el gallo

rat

la rata

kat

el gato

muis

el ratón

os

el buey

hond

el perro

hondenhok

la cucha

tuinslang

la manguera

gieter

la regadera

zeis

la guadaña

ploeg

el arado

sikkel

la hoz

schoffel

la azada

hooivork

la horquilla

bijl

el hacha

kruiwagen

la carretilla

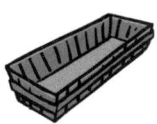

trog

el abrevadero

melkkan

la lechera

zak

la bolsa

hek

la reja

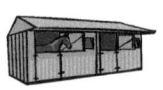

stal

el establo

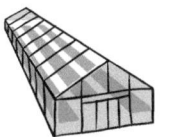

broeikas

el invernadero

bodem

el suelo

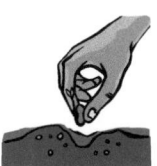

zaad

la semilla

mest

el fertilizador

maaidorser

la cosechadora

oogsten

cosechar

oogst

la cosecha

yam

las batatas

tarwe

el trigo

soja

la soja

aardappel

la papa

maïs

el maíz

koolzaad

la semilla de colza

fruitboom

el árbol frutal

maniok

la mandioca

graan

los cereales

schoorsteen
la chimenea

dak
el techo

regenpijp
el caño de desagüe

raam
la ventana

garage
el garaje

deurbel
el timbre

deur
la puerta

vuilnisbak
el tacho de basura

brievenbus
el buzón

tuin
el jardín

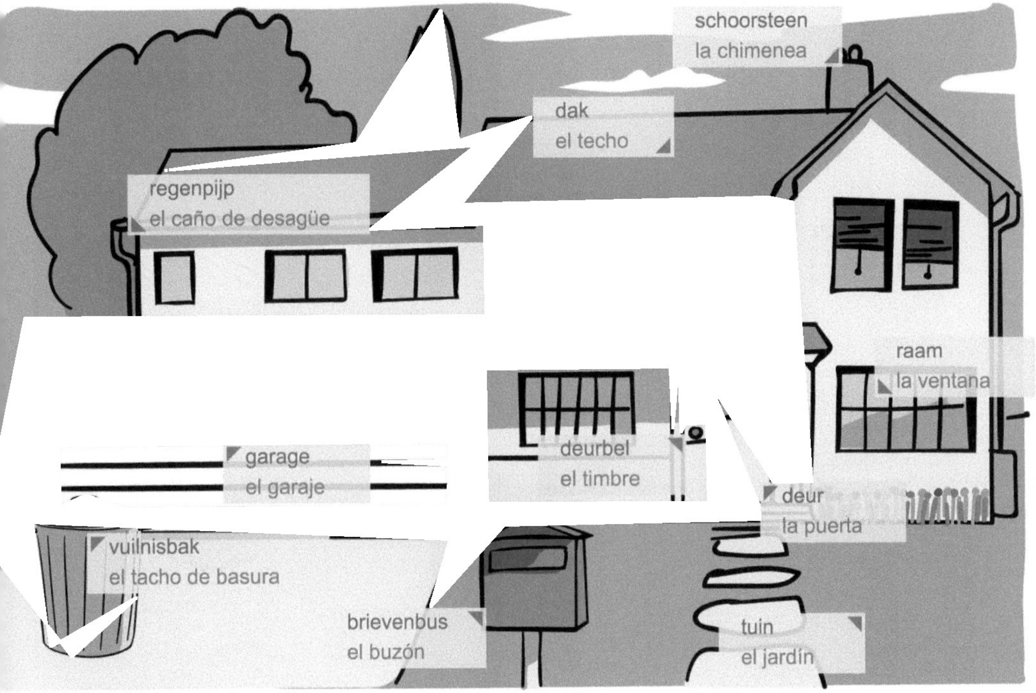

woonkamer
el living

badkamer
el baño

keuken
la cocina

slaapkamer
el dormitorio

kinderkamer
el cuarto de los chicos

eetkamer
el comedor

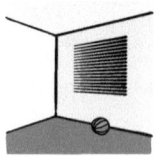

vloer
el piso

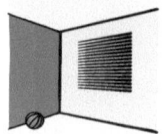

muur
la pared

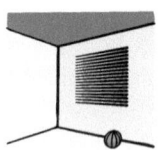

plafond
el cielorraso

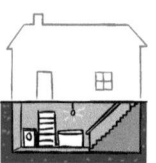

kelder
el sótano

sauna
el sauna

balkon
el balcón

terras
la terraza

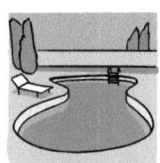

zwembad
la pileta

grasmaaier
la cortadora de pasto

dekbedovertrek
la sábana

dekbed
el acolchado

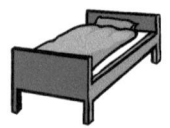

bed
la cama

bezem
la escoba

emmer
el balde

schakelaar
el interruptor

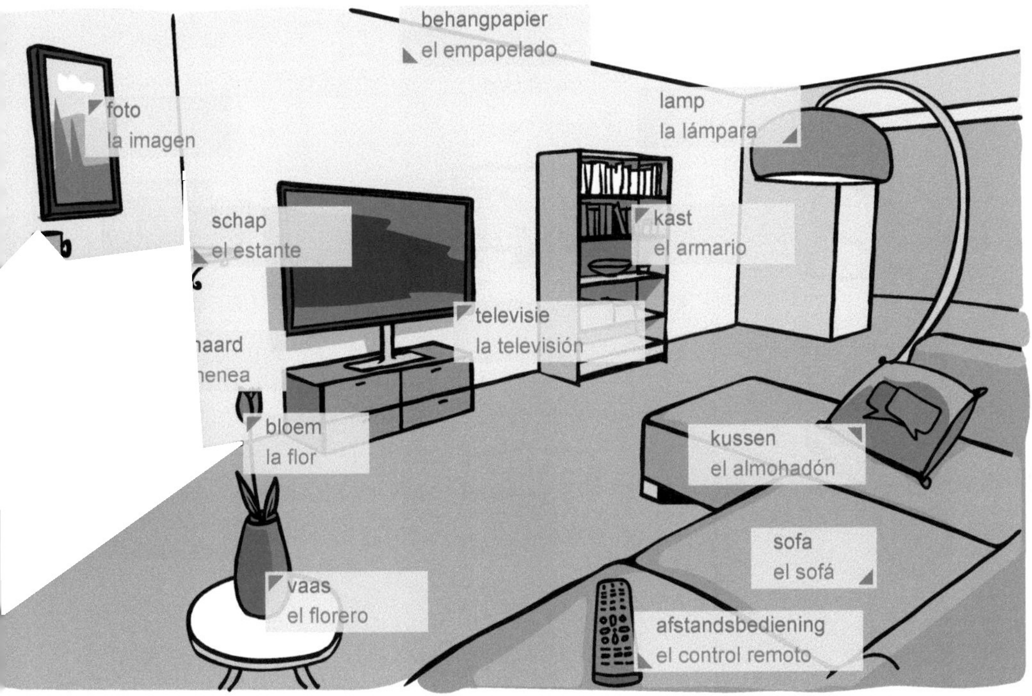

behangpapier
el empapelado

foto
la imagen

lamp
la lámpara

schap
el estante

kast
el armario

televisie
la televisión

haard
henea

bloem
la flor

kussen
el almohadón

vaas
el florero

sofa
el sofá

afstandsbediening
el control remoto

mat
la alfombra

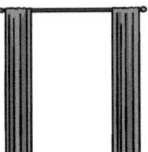

gordijn
la cortina

tafel
la mesa

stoel
la silla

schommelstoel
la mecedora

fauteuil
el sillón

boek

el libro

deken

la frazada

decoratie

la decoración

brandhout

la leña

film

la película

stereo-installatie

el equipo de música

sleutel

la llave

krant

el diario

schilderij

la pintura

poster

el póster

radio

la radio

notitieboekje

el cuaderno

stofzuiger

la aspiradora

cactus

el cactus

kaars

la vela

la cocina

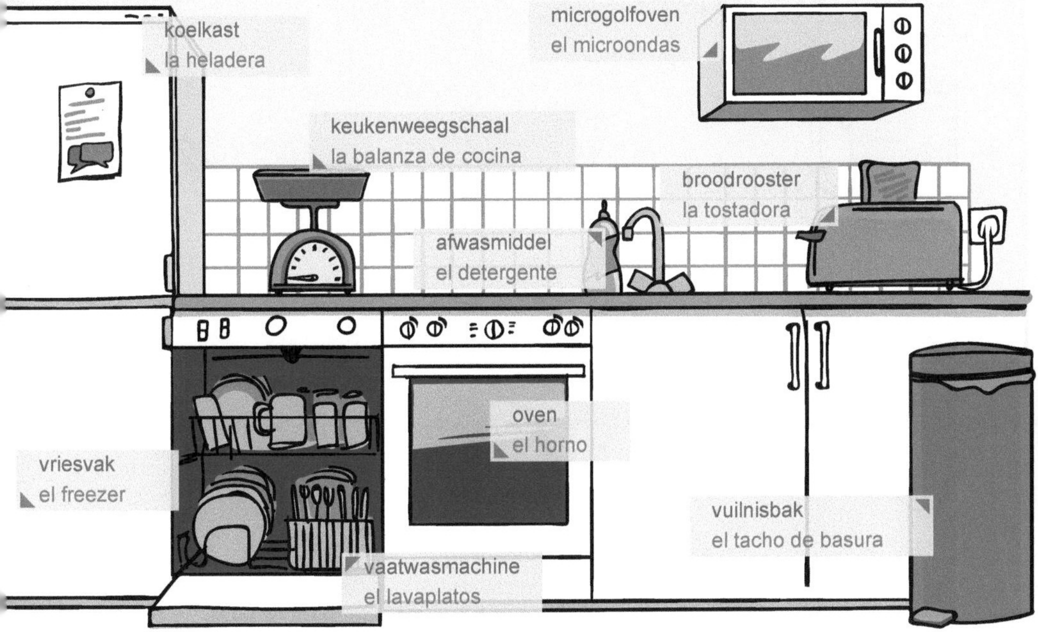

koelkast
la heladera
microgolfoven
el microondas
keukenweegschaal
la balanza de cocina
broodrooster
la tostadora
afwasmiddel
el detergente
oven
el horno
vriesvak
el freezer
vuilnisbak
el tacho de basura
vaatwasmachine
el lavaplatos

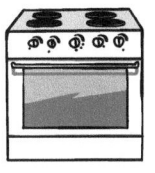

fornuis

la cocina

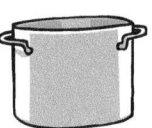

pot

la olla

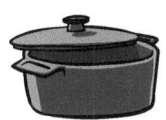

gietijzeren pot

la olla de hierro fundido

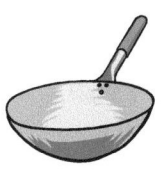

wok / kadai

el wok

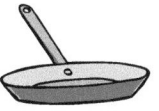

pan

la sartén

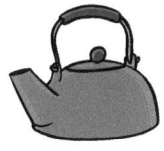

waterkoker

la pava

stoomkoker

la vaporera

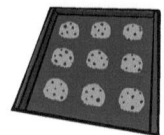

bakplaat

la bandeja de horno

servies

la vajilla

mok

la taza

kom

el bol

eetstokjes

los palitos

pollepel

el cucharón

spatel

la espátula

garde

la batidora

vergiet

el colador

zeef

el colador

rasp

el rallador

mortier

el mortero

barbecue

la parrilla

haardvuur

la fogata

snijplank

la tabla de picar

deegrol

el palo de amasar

kurkentrekker

el sacacorchos

blik

la lata

blikopener

el abrelatas

pannenlap

la manopla

gootsteen

la pileta

borstel

el cepillo

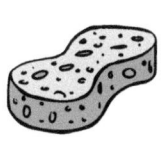

spons

la esponja

blender

la batidora

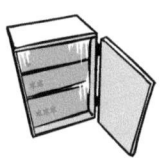

vriezer

el congelador

papfles

la mamadera

kraan

la canilla

el baño

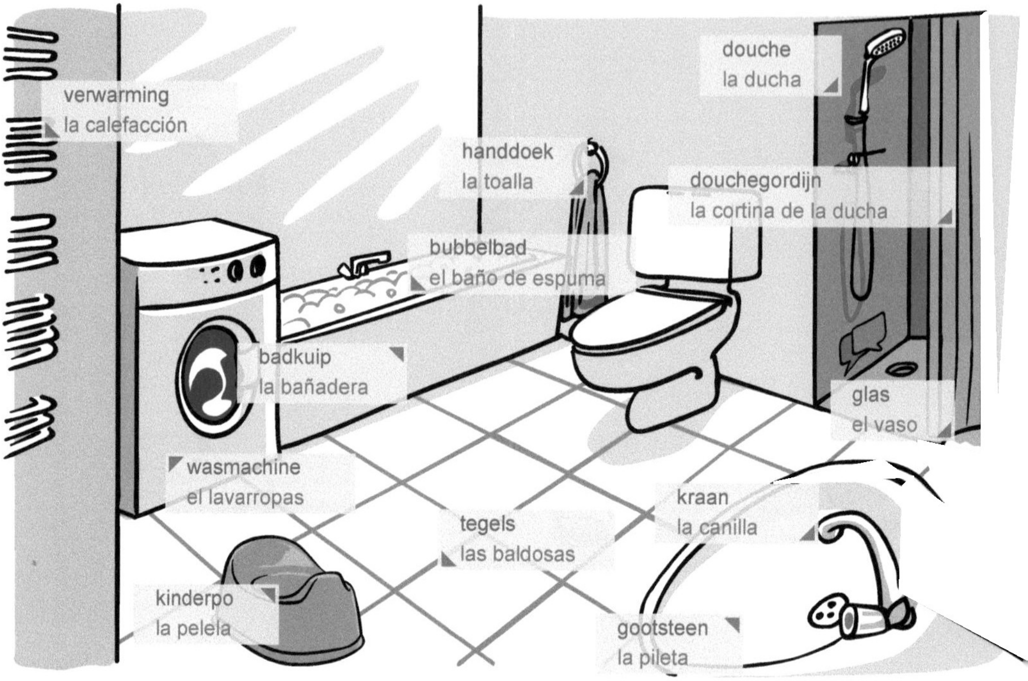

verwarming
la calefacción

douche
la ducha

handdoek
la toalla

douchegordijn
la cortina de la ducha

bubbelbad
el baño de espuma

badkuip
la bañadera

glas
el vaso

wasmachine
el lavarropas

kraan
la canilla

tegels
las baldosas

kinderpo
la pelela

gootsteen
la pileta

toilet
....
el inodoro

hurktoilet
....
la letrina

bidet
....
el bidé

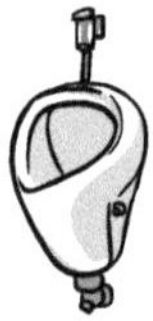

urinoir
....
el mingitorio

toiletpapier
....
el papel higiénico

toiletborstel
....
el cepillo para el inodoro

tandenborstel

el cepillo de dientes

tandpasta

el dentífrico

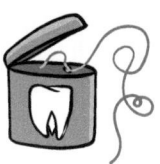

flosdraad

el hilo dental

wassen

lavar

handdouche

la ducha de mano

bidethanddouche

la ducha higiénica

waskom

la palangana

rugborstel

el cepillo para la espalda

zeep

el jabón

douchegel

el gel de ducha

shampoo

el shampoo

washandje

la toallita

afvoer

el desagüe

crème

la crema

deodorant

el desodorante

spiegel

el espejo

handspiegel

el espejito

scheermes

la maquinita de afeitar

scheerschuim

la espuma de afeitar

aftershave

el aftershave

kam

el peine

borstel

el cepillo

haardroger

el secador de pelo

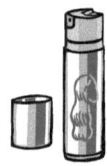

haarlak

el spray

make-up

el maquillaje

lippenstift

el lápiz de labios

nagellak

el esmalte para uñas

watten

el algodón

nagelknipper

la tijera para uñas

parfum

el perfume

toilettas

el portacosméticos

kruk

la banqueta

weegschaal

la balanza

badjas

la bata

latex handschoenen

los guantes de goma

tampon

el tampón

maandverband

la toallita femenina

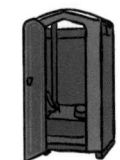

chemisch toilet

el baño químico

el cuarto de los chicos

wekker
el despertador
knuffel
el peluche
speelgoedauto
el coche de juguete
rammelaar
el sonajero
poppenhuis
la casa de muñecas
geschenk
el regalo

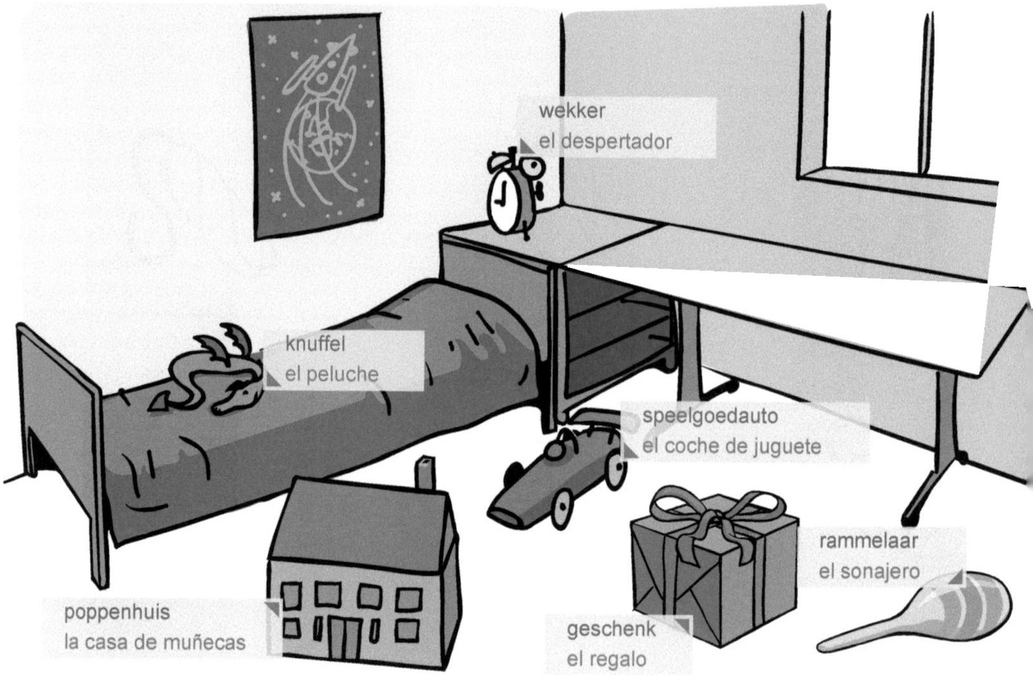

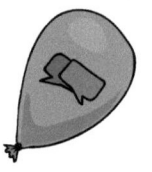

ballon

el globo

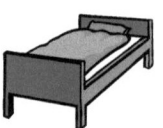

bed

la cama

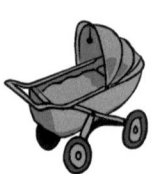

kinderwagen

el cochecito

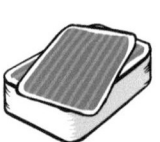

spel kaarten

las cartas

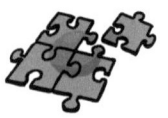

puzzel

el rompecabezas

SUPER
MEGA

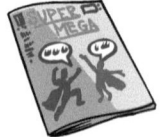

stripboek

la historieta

legoblokjes

las piezas de lego

blokken

los ladrillos de juguete

actiefiguur

la figura de acción

kruippakje

el enterito (de bebé)

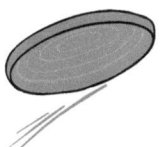

frisbee

el frisbee

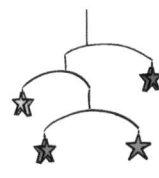

mobiel

el móvil para bebés

bordspel

el juego de mesa

dobbelsteen

los dados

modelspoorweg

el tren eléctrico

fopspeen

el chupete

feest

la fiesta

prentenboek

el libro de cuentos ilustrado

bal

la pelota

pop

la muñeca

spelen

jugar

zandbak

el arenero

schommel

la hamaca

speelgoed

los juguetes

spelconsole

la consola de videojuegos

driewieler

el triciclo

knuffelbeer

el osito de peluche

kleerkast

el armario

la ropa

sokken

las medias

kousen

las medias panty

maillot

las calzas

sjaal
la bufanda

paraplu
el paraguas

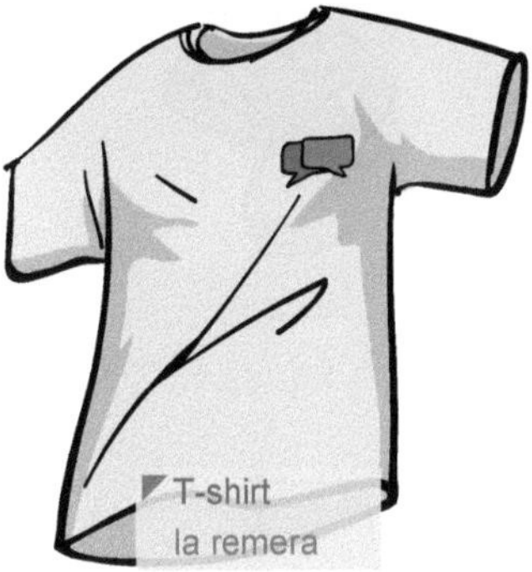

riem
el cinturón

T-shirt
la remera

laarzen
las botas

slippers
las pantuflas

sneakers
las zapatillas

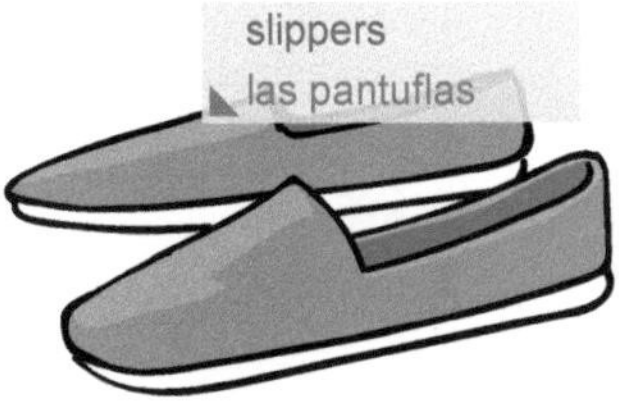

sandalen
las sandalias

schoenen
los zapatos

rubberlaarzen
las botas de goma

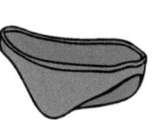

onderbroek
la ropa interior

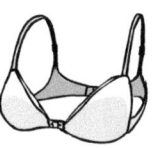

beha
el corpiño

onderhemd
el chaleco

lichaam

el body

broek

los pantalones

jeans

los jeans

rok

la pollera

blouse

la blusa

hemd

la camisa

trui

el pulóver

capuchontrui

el buzo

blazer

el blazer

jas

la campera

jas

el tapado

regenjas

el piloto

kostuum

el traje

jurk

el vestido

trouwjurk

el vestido de novia

pak
el traje

nachthemd
el camisón

pyjama
el pijama

sari
el sari

hoofddoek
el pañuelo para la cabeza

tulband
el turbante

boerka
la burka

kaftan
el caftán

abaya
la abaya

badpak
el traje de baño

zwembroek
el short de baño

short
los shorts

trainingspak
el jogging

schort
el delantal

handschoenen
los guantes

knoop
el botón

bril
los anteojos

armband
la pulsera

ketting
el collar

ring
el anillo

oorbel
el aro

pet
la gorra

kapstok
la percha

hoed
el sombrero

das
la corbata

rits
el cierre

helm
el casco

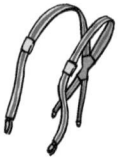

bretellen
los tiradores

schooluniform
el uniforme escolar

uniform
el uniforme

slabbetje
....

el babero

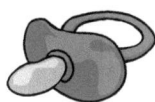

fopspeen
....

el chupete

luier
....

el pañal

la oficina

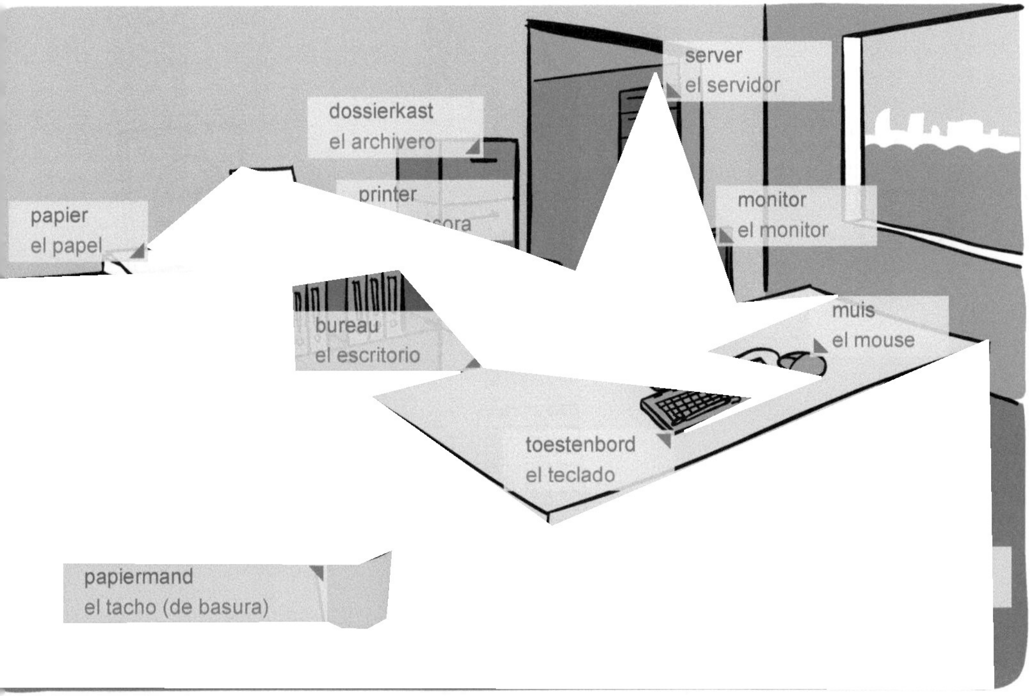

server
el servidor

dossierkast
el archivero

printer
~~sora~~

papier
el papel

monitor
el monitor

bureau
el escritorio

muis
el mouse

toestenbord
el teclado

papiermand
el tacho (de basura)

koffiemok
....

la taza de café

rekenmachine
....

la calculadora

internet
....

el internet

laptop
la laptop

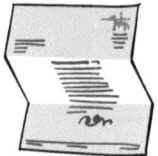

brief
la carta

bericht
el mensaje

gsm
el celular

netwerk
la red

kopieerapparaat
la fotocopiadora

software
el software

telefoon
el teléfono

stopcontact
el tomacorriente

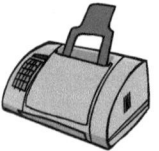

fax
el fax

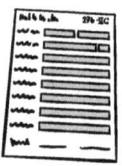

formulier
el formulario

document
el documento

kopen
comprar

betalen
pagar

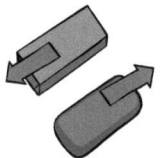

handelen
hacer negocios

geld
el dinero

USD

dollar
el dólar

EUR

euro
el euro

JPY

yen
el yen

RUB

roebel
el rublo

CHF

Zwitserse frank
el franco suizo

CNY

Chinese renminbi
el yuan

INR

roepie
la rupia

geldautomaat
el cajero automático

wisselkantoor

la casa de cambio

goud

el oro

zilver

la plata

olie

el petróleo

energie

la energía

prijs

el precio

contract

el contrato

belasting

el impuesto

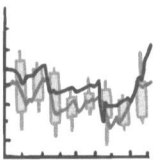

aandeel

la acción

werken

trabajar

werknemer

el empleado

werkgever

el empleador

fabriek

la fábrica

winkel

el negocio

las ocupaciones

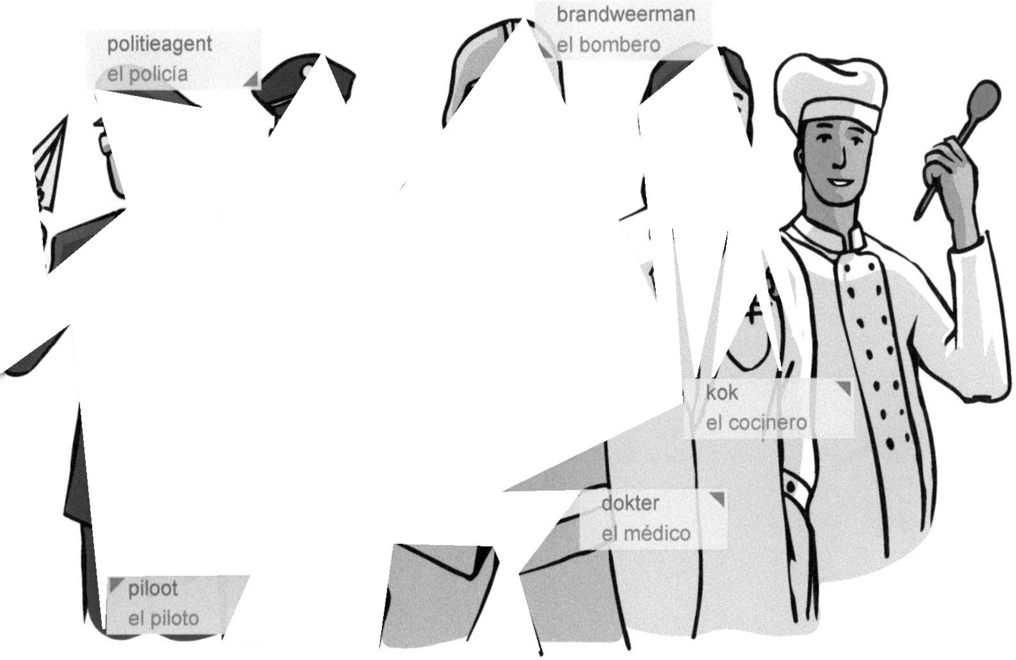
politieagent
el policía
brandweerman
el bombero
kok
el cocinero
dokter
el médico
piloot
el piloto

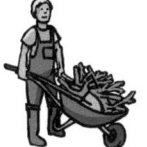

tuinman

el jardinero

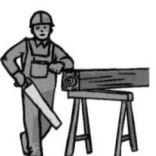

timmerman

el carpintero

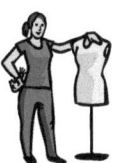

naaister

la modista

rechter

el juez

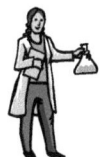

chemicus

el farmacéutico

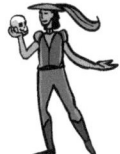

acteur

el actor

buschauffeur	taxichauffeur	visser
el colectivero	el taxista	el pescador

schoonmaakster	dakdekker	ober
la mucama	el techista	el mozo

jager	schilder	bakker
el cazador	el pintor	el panadero

elektricien	bouwvakker	ingenieur
el electricista	el albañil	el ingeniero

slager	loodgieter	postbode
el carnicero	el plomero	el cartero

soldaat

el soldado

architect

el arquitecto

kassier

el cajero

bloemist

el florista

kapper

el peluquero

conducteur

el cobrador

mecanicien

el mecánico

kapitein

el capitán

tandarts

el dentista

wetenschapper

el científico

rabbijn

el rabino

imam

el imán

monnik

el monje

geestelijke

el sacerdote

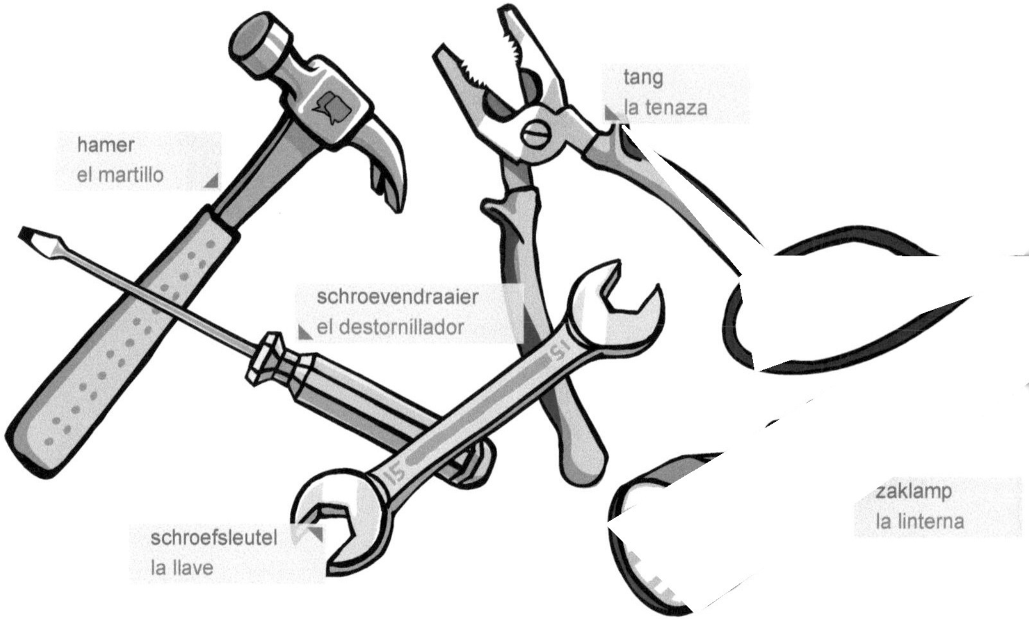

hamer
el martillo

tang
la tenaza

schroevendraaier
el destornillador

schroefsleutel
la llave

zaklamp
la linterna

graafmachine
la excavadora

gereedschapskoffer
la caja de herramientas

ladder
la escalera portátil

zaag
la sierra

spijkers
los clavos

boormachine
el taladro

repareren
....
arreglar

schop
....
la pala de jardín

Verdomme!
....
¡Qué bronca!

blik
....
la pala de plástico

verfpot
....
el tacho de pintura

schroeven
....
los tornillos

los instrumentos musicales

luidspreker
el parlante

drumstel
la batería

contrabas
el contrabajo

trompet
la trompeta

gitaar
la guitarra

piano

el piano

viool

el violín

basgitaar

el bajo

pauk

los timbales

trommels

el tambor

keyboard

el teclado

saxofoon

el saxofón

fluit

la flauta

microfoon

el micrófono

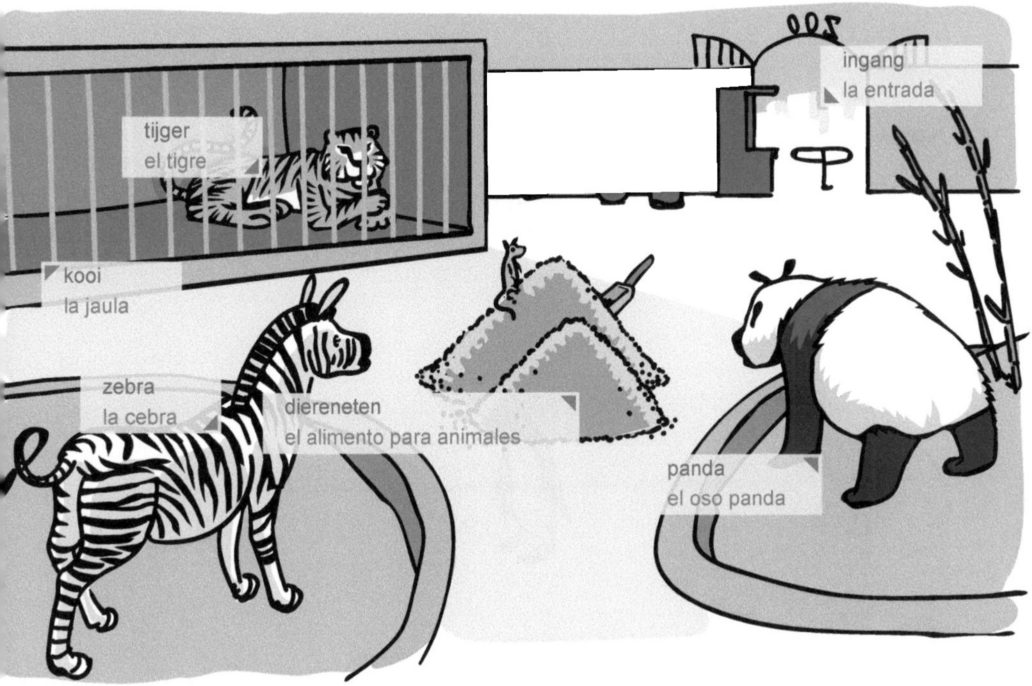

tijger
el tigre

ingang
la entrada

kooi
la jaula

zebra
la cebra

diereneten
el alimento para animales

panda
el oso panda

dieren
los animales

olifant
el elefante

kangoeroe
el canguro

neushoorn
el rinoceronte

gorilla
el gorila

beer
el oso

kameel

el camello

struisvogel

el avestruz

leeuw

el león

aap

el mono

flamingo

el flamenco

papegaai

el loro

ijsbeer

el oso polar

pinguïn

el pingüino

haai

el tiburón

pauw

el pavo real

slang

la serpiente

krokodil

el cocodrilo

dierenverzorger

el cuidador del zoológico

zeehond

la foca

jaguar

el jaguar

pony

el poni

luipaard

el leopardo

nijlpaard

el hipopótamo

giraffe

la jirafa

adelaar

el águila

wild zwijn

el jabalí

vis

el pescado

zeeschildpad

la tortuga

walrus

la morsa

vos

el zorro

gazelle

la gacela

rugby
el fútbol americano

wielrennen
el ciclismo

tennis
el tenis

basketbal
el básquet

zwemmen
la natación

boksen
el boxeo

ijshockey
el hockey sobre hielo

voetbal
el fútbol

badminton
el bádminton

atletiek
el atletismo

handbal
el handball

skiën
el esquí

polo
el polo

las actividades

lachen
reír
springen
saltar
knuffelen
abrazar
wandelen
caminar
zingen
cantar
dromen
soñar
bidden
rezar
kussen
besar

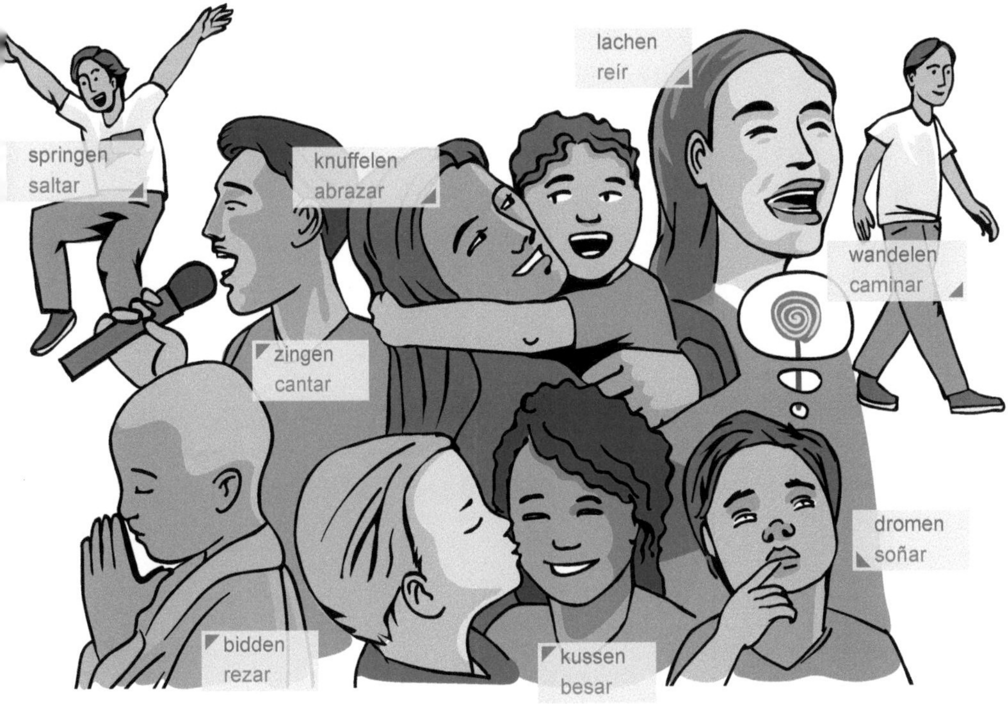

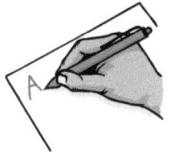

schrijven
escribir

tekenen
dibujar

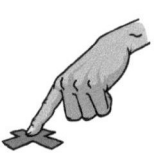

tonen
mostrar

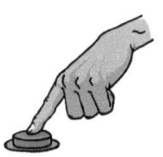

duwen
presionar

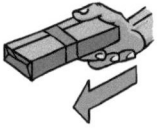

geven
dar

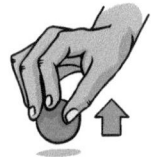

nemen
tomar

hebben

tener

doen

hacer

zijn

ser

staan

estar parado

lopen

correr

trekken

tirar

gooien

tirar

vallen

caer

liggen

estar acostado

wachten

esperar

dragen

llevar

zitten

estar sentado

aankleden

vestirse

slapen

dormir

ontwaken

despertar

kijken naar

mirar

wenen

llorar

aaien

acariciar

kammen

peinar

praten

hablar

begrijpen

entender

vragen

preguntar

luisteren

escuchar

drinken

beber

eten

comer

opruimen

ordenar

houden van

amar

koken

cocinar

rijden

manejar

vliegen

volar

zeilen

navegar

rekenen

calcular

Lezen

leer

leren

aprender

werken

trabajar

trouwen

casarse

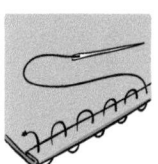

naaien

coser

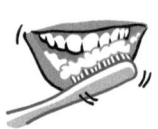

tandenpoetsen

cepillarse los dientes

doden

matar

roken

fumar

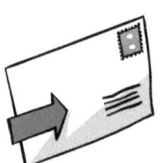

sturen

enviar

grootmoeder
la abuela

grootvader
el abuelo

vader
el padre

moeder
la madre

baby
el bebé

dochter
la hija

zoon
el hijo

gast

el invitado

tante

la tía

oom

el tío

broer

el hermano

zus

la hermana

el cuerpo

voorhoofd
la frente
oog
el ojo
schouder
el hombro
vinger
el dedo
gezicht
la cara
kin
la pera
hand
la mano
been
la pierna
borst
el pecho
arm
el brazo

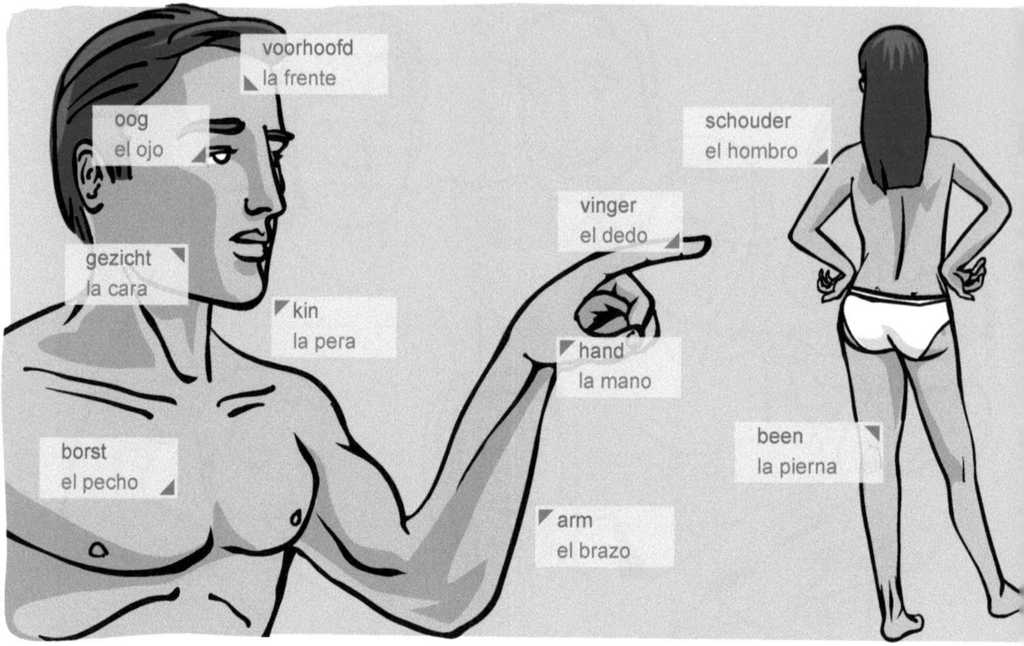

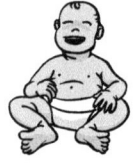

baby

el bebé

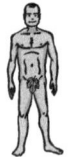

man

el hombre

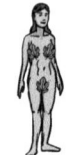

vrouw

la mujer

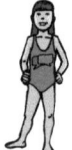

meisje

la nena

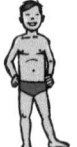

jongen

el nene

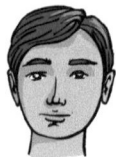

hoofd

la cabeza

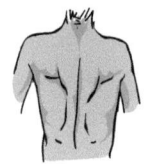

rug
la espalda

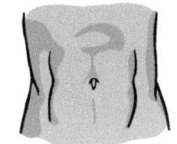

buik
la panza

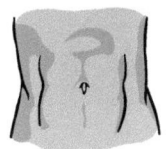

navel
el ombligo

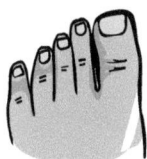

teen
el dedo del pie

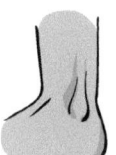

hiel
el talón

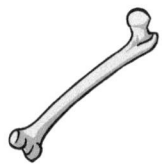

bot
el hueso

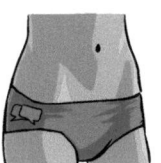

heup
la cadera

knie
la rodilla

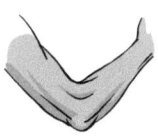

elleboog
el codo

neus
la nariz

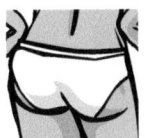

zitvlak
la cola

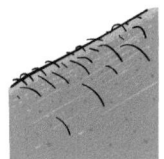

huid
la piel

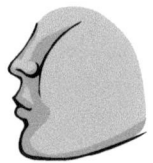

wang
el cachete

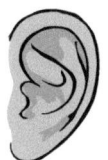

oor
la oreja

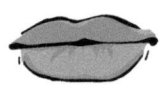

lip
el labio

mond
la boca

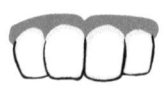

tand
el diente

tong
la lengua

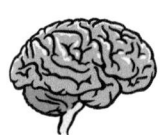

hersenen
el cerebro

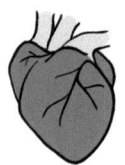

hart
el corazón

spier
el músculo

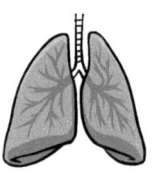

long
el pulmón

lever
el hígado

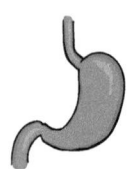

maag
el estómago

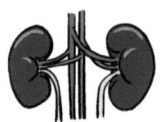

nieren
los riñones

seks
el sexo

condoom
el preservativo

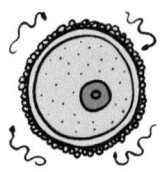

eicel
el óvulo

sperma
el semen

zwangerschap
el embarazo

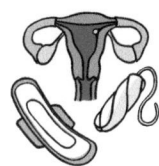

menstruatie
la menstruación

vagina
la vagina

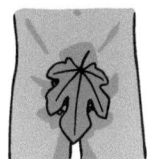

penis
el pene

wenkbrauw
la ceja

haar
el pelo

nek
el cuello

el hospital

ziekenhuis
el hospital
e ruedas
breuk
la fractura

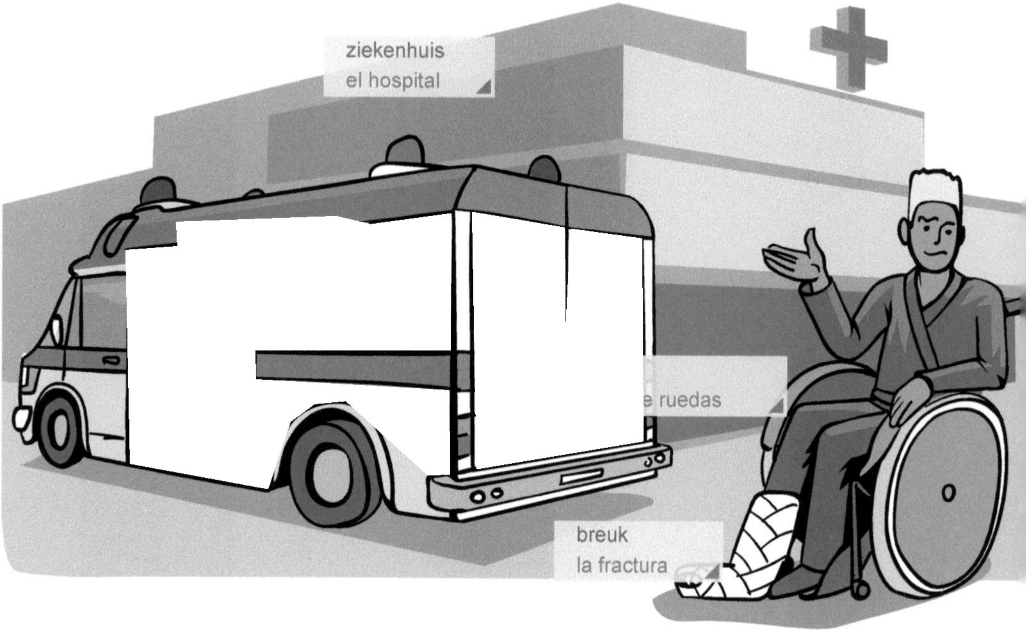

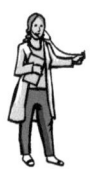

dokter

el médico

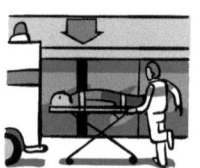

spoed

la sala de guardia

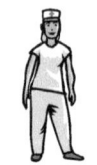

verpleegkundige

la enfermera

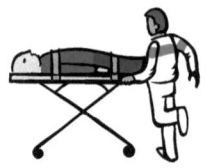

noodgeval

la emergencia

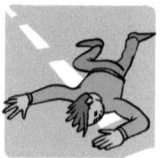

bewusteloos

inconsciente

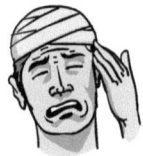

pijn

el dolor

verwonding

la lesión

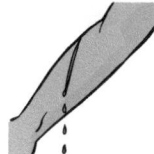

bloeding

la hemorragia

hartaanval

el infarto

beroerte

el ACV

allergie

la alergia

hoest

la tos

koorts

la fiebre

griep

la gripe

diarree

la diarrea

hoofdpijn

el dolor de cabeza

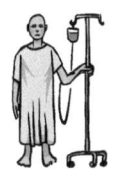

kanker

el cáncer

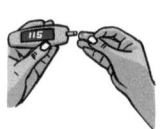

diabetes

la diabetes

chirurg

el cirujano

scalpel

el bisturí

operatie

la operación

CT
la TC

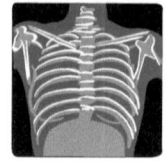

röntgenstraal
los rayos x

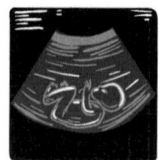

ultrageluid
la ecografía

gezichtsmasker
el barbijo

ziekte
la enfermedad

wachtkamer
la sala de espera

kruk
la muleta

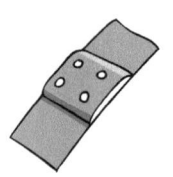

pleister
la curita

verband
la venda

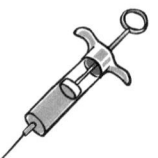

injectie
la inyección

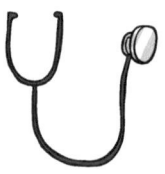

stethoscoop
el estetoscopio

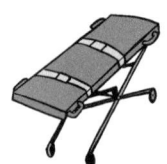

brancard
la camilla

thermometer
el termómetro

geboorte
el nacimiento

overgewicht
el sobrepeso

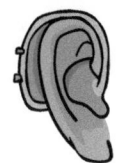

hoorapparaat

el audífono

ontsmettingsmiddel

el desinfectante

infectie

la infección

virus

el virus

HIV / AIDS

el VIH / SIDA

medicijn

el remedio

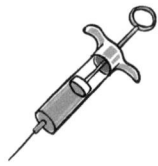

vaccinatie

la vacunación

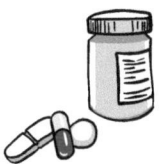

tabletten

los comprimidos

pil

la pastilla anticonceptiva

noodoproep

la llamada de emergencia

bloeddrukmeter

el tensiómetro

ziek / gezond

enfermo / sano

Help!

¡Ayuda!

overval

la agresión

aanval

el ataque

gevaar

el peligro

nooduitgang

la salida de emergencia

alarm

la alarma

brandblusser

el matafuego

ongeval

el accidente

Brand!

¡Fuego!

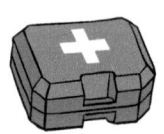

EHBO-kit

el botiquín de primeros
auxilios

SOS

el SOS

politie

la policía

Europa

Europa

Noord-Amerika

América del Norte

Zuid-Amerika

América del Sur

Afrika

África

Azië

Asia

Australië

Australia

Atlantische Oceaan

el Atlántico

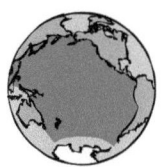

Stille Oceaan

el Pacífico

Indische Oceaan

el Océano Índico

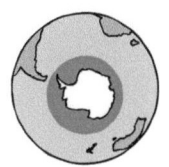

Antarctische Oceaan

el Océano Antártico

Arctische Oceaan

el Océano Ártico

Noordpool

el polo norte

Zuidpool

el polo sur

Antarctica

la Antártida

aarde

la Tierra

land

la tierra

zee

el mar

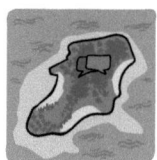

eiland

la isla

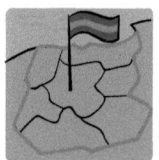

natie

la nación

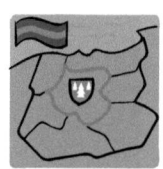

staat

el estado

wijzerplaat

la esfera

uurwijzer

la manecilla de las horas

minuutwijzer

el minutero

secondewijzer

el segundero

Hoe laat is het?

¿Qué hora es?

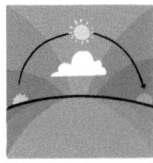

dag

el día

tijd

la hora

nu

ahora

digitale horloge

el reloj digital

minuut

el minuto

uur

la hora

la semana

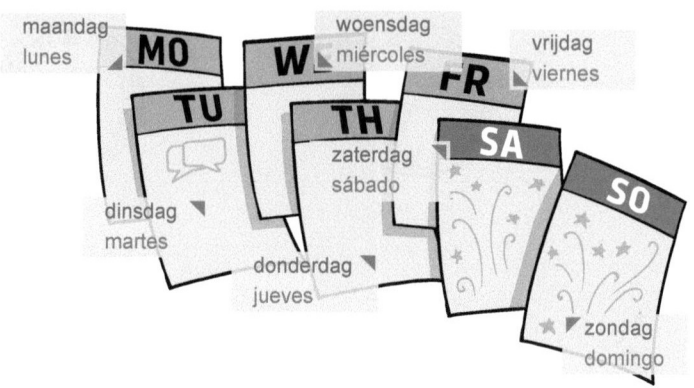

maandag / lunes
woensdag / miércoles
vrijdag / viernes
dinsdag / martes
donderdag / jueves
zaterdag / sábado
zondag / domingo

gisteren
....
ayer

vandaag
....
hoy

morgen
....
mañana

ochtend
....
la mañana

middag
....
el mediodía

avond
....
la tarde

werkdagen
....
los días hábiles

weekend
....
el fin de semana

80

week - la semana

el año

regen
la lluvia
regenboog
el arco iris
wind
el viento
sneeuw
la nieve
lente
la primavera
herfst
el otoño
zomer
el verano
winter
el invierno

4.APRIL 11°
5.APRIL 4°
6.APRIL 13°
7.APRIL 8°
8.APRIL 10°

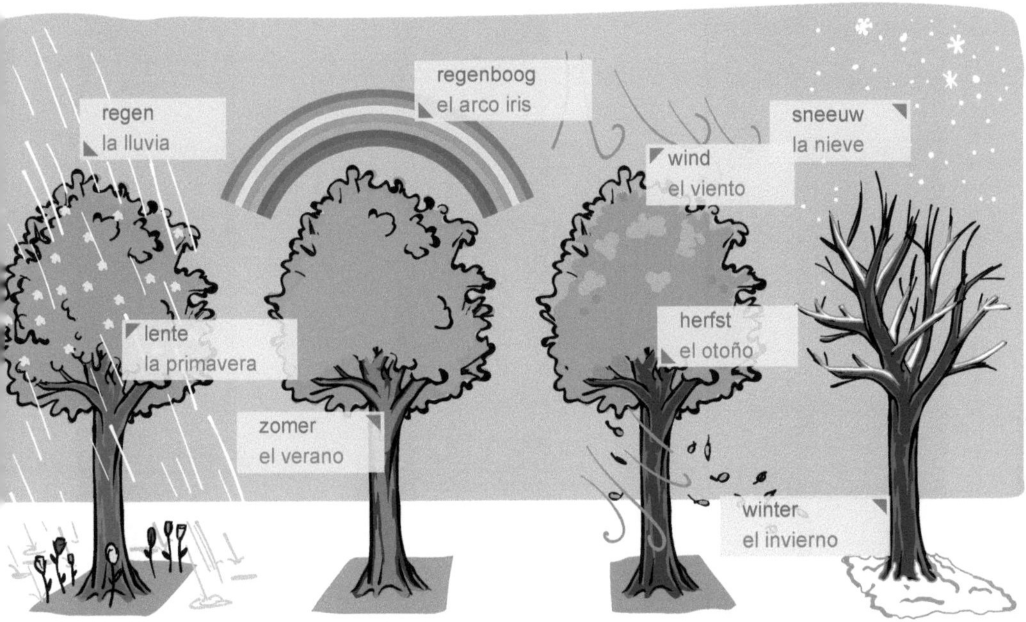

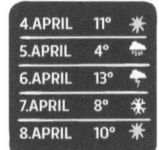

weervoorspelling

el pronóstico meteorológico

F C
120 40
30
90 20
60 10
30 0
0 -10
-30 -20

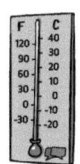

thermometer

el termómetro

zonneschijn

la luz del sol

wolk

la nube

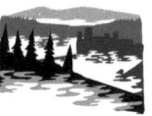

mist

la niebla

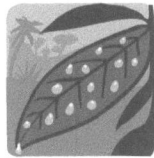

vochtigheid

la humedad

bliksem

el rayo

donder

el trueno

storm

la tormenta

hagel

el granizo

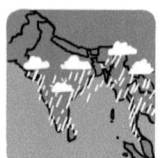

moesson

el monzón

overstroming

la inundación

ijs

el hielo

januari

enero

februari

febrero

maart

marzo

april

abril

mei

mayo

juni

junio

juli

julio

augustus

agosto

september
septiembre

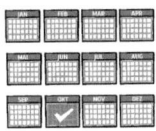

oktober
octubre

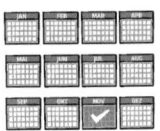

november
noviembre

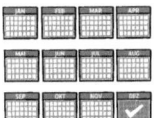

december
diciembre

las formas

cirkel
el círculo

kwadraat
el cuadrado

rechthoek
el rectángulo

driehoek
el triángulo

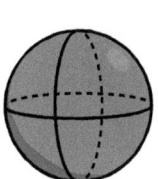

bol
la esfera

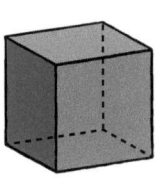

kubus
el cubo

wit

blanco

geel

amarillo

oranje

naranja

roze

rosa

rood

rojo

paars

violeta

blauw

azul

groen

verde

bruin

marrón

grijs

gris

zwart

negro

veel / weinig

mucho / poco

boos / kalm

enojado / tranquilo

mooi / lelijk

lindo / feo

begin / einde

el principio / el fin

groot / klein

grande / chico

licht / donker

claro / oscuro

broer / zus

el hermano / la hermana

proper / vuil

limpio / sucio

volledig / onvolledig

completo / incompleto

dag / nacht

el día / la noche

dood / levend

muerto / vivo

breed / smal

ancho / angosto

eetbaar / oneetbaar

comestible / no comestible

kwaadaardig / vriendelijk

malo / amable

opgewonden / verveeld

entusiasmado / aburrido

dik / dun

gordo / flaco

eerst / laatst

primero / último

vriend / vijand

el amigo / el enemigo

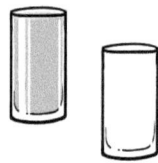

vol / leeg

lleno / vacío

hard / zacht

duro / blando

zwaar / licht

pesado / liviano

honger / dorst

el hambre / la sed

ziek / gezond

enfermo / sano

illegaal / legaal

ilegal / legal

intelligent / dom

inteligente / estúpido

links / rechts

izquierda / derecha

dichtbij / veraf

cerca / lejos

nieuw / gebruikt

nuevo / usado

niets / iets

nada / algo

oud / jong

viejo / joven

aan / uit

encendido / apagado

open / dicht

abierto / cerrado

stil / luid

silencioso / ruidoso

rijk / arm

rico / pobre

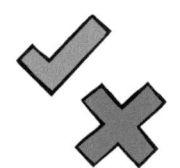

juist / fout

correcto / incorrecto

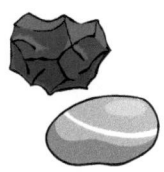

ruw / glad

áspero / suave

droevig / blij

triste / contento

kort / lang

corto / largo

traag / snel

lento / rápido

nat / droog

mojado / seco

warm / koud

caliente / frío

oorlog / vrede

guerra / paz

0

nul
cero

1

één
uno

2

twee
dos

3

drie
tres

4

vier
cuatro

5

vijf
cinco

6

zes
seis

7

zeven
siete

8

acht
ocho

9

negen
nueve

10

tien
diez

11

elf
once

12

twaalf

doce

13

dertien

trece

14

veertien

catorce

15

vijftien

quince

16

zestien

dieciséis

17

zeventien

diecisiete

18

achtien

dieciocho

19

negentien

diecinueve

20

twintig

veinte

100

honderd

cien

1.000

duizend

mil

1.000.000

miljoen

el millón

cijfers - los números

Engels

el inglés

Amerikaans Engels

el inglés americano

Chinees (Mandarijn)

el chino mandarín

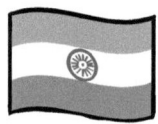

Hindi

el hindi

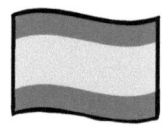

Spaans

el español

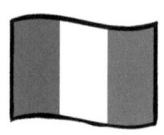

Frans

el francés

Arabisch

el árabe

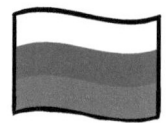

Russisch

el ruso

Portugees

el portugués

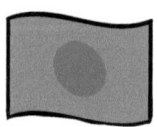

Bengali

el bengalí

Duits

el alemán

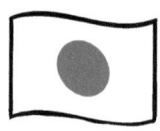

Japans

el japonés

ik
yo

u
vos

hij / zij / het
él / ella

wij
nosotros

u
ustedes

ze
ellos

wie?
¿quién?

wat?
¿qué?

hoe?
¿cómo?

waar?
¿dónde?

wanneer?
¿cuándo?

naam
el nombre

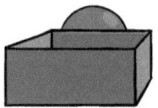

achter

detrás

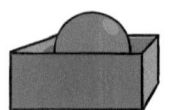

in

en

voor

adelante de

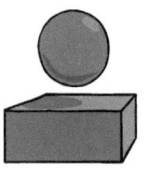

boven

por encima de

op

sobre

onder

debajo de

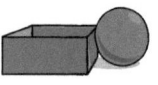

naast

al lado de

tussen

entre

plaats

el lugar